LINGUAGEM CORPORAL

Aprenda a ler e enviar mensagens não verbais

(Como entender a mente do outro)

Kai Lima

Traduzido por Jason Thawne

Kai Lima

Linguagem Corporal: Aprenda a ler e enviar mensagens não verbais (Como entender a mente do outro)

ISBN 978-1-989891-55-1

Termos e Condições

De modo nenhum é permitido reproduzir, duplicar ou até mesmo transmitir qualquer parte deste documento em meios eletrônicos ou impressos. A gravação desta publicação é estritamente proibida e qualquer armazenamento deste documento não é permitido, a menos que haja permissão por escrito do editor. Todos os direitos são reservados.

As informações fornecidas neste documento são declaradas verdadeiras e consistentes, na medida em que qualquer responsabilidade, em termos de desatenção ou de outra forma, por qualquer uso ou abuso de quaisquer políticas, processos ou instruções contidas, é de responsabilidade exclusiva e pessoal do leitor destinatário. Sob nenhuma circunstância qualquer, responsabilidade legal ou culpa será imposta ao editor por qualquer reparação, dano ou perda monetária devida às informações aqui contidas, direta ou indiretamente. Os respectivos autores são proprietários de todos os direitos autorais não detidos pelo editor.

Aviso Legal:

Este livro é protegido por direitos autorais. Ele é designado exclusivamente para uso pessoal. Você não pode alterar, distribuir, vender, usar, citar ou parafrasear qualquer parte ou o conteúdo deste ebook sem o consentimento do autor ou proprietário dos direitos autorais. Ações legais poderão ser tomadas caso isso seja violado.

Termos de Responsabilidade:

Observe também que as informações contidas neste documento são apenas para fins educacionais e de entretenimento. Todo esforço foi feito para fornecer informações completas precisas, atualizadas e confiáveis. Nenhuma garantia de qualquer tipo é expressa ou mesmo implícita. Os leitores reconhecem que o autor não está envolvido na prestação de aconselhamento jurídico, financeiro, médico ou profissional.

Ao ler este documento, o leitor concorda que sob nenhuma circunstância somos responsáveis por quaisquer perdas, diretas ou indiretas, que venham a ocorrer como resultado do uso de informações contidas neste documento, incluindo, mas não limitado a, erros, omissões, ou imprecisões.

Índice

Parte 1 1

Introdução 2

Capítulo 1: Além Da Comunicação Por Linguagem Corporal 5

Capítulo 2: Como A Comunicação Interna Influencia A Linguagem Corporal 17

Capítulo 3: O Físico Põe A Linguagem Corporal Em Perspectiva 30

Capítulo 4: Visão Psicológica Na Linguagem Corporal 39

Capítulo 5: Linguagem Corporal Social Através De Contato Corporal - Toque 55

Capítulo 6: Como Linguagem Corporal Afeta A Resposta Na Comunicação 63

Capítulo 7: : Sete Elementos Da Comunicação Efetiva 66

Parte 2 75

Introdução 76

Capítulo 1. O Que É Linguagem Corporal? 80

Capítulo 2. Gestos Comuns Que Você Precisa Saber 82

SINAIS CONGÊNITOS E ADQUIRIDOS 82
GESTOS BÁSICOS 84

Capítulo 3. Linguagem Corporal E Mentiras 91

COMO RECONHECER UMA MENTIRA? 93
DICAS PARA RECONHECER UMA MENTIRA 94

Capítulo 4. Linguagem Corporal E Carreira 103

POSIÇÃO CORPORAL 104

Mãos 105
Olhos 106
Linguagem Corporal Do Entrevistador............................. 107
Prática 108
Apertos De Mão.. 109
Aperto De Mão Dominante E submisso 109
Posições Corporais 114

Capítulo 5. Linguagem Corporal E Flerte 116

Gestos Masculinos De Flerte 117
Gestos Femininos De Flerte 118

Conclusão 122

Parte 1

Introdução

Você não percebe a existência da sombra corporal na maior parte do tempo. Você não sabe o que acontece com ela quando você dorme. Não importa onde esteja, o que faz, sua sombra está fazendo a mesma coisa.

Dificilmente você considera como usa gestos manuais, olhos, postura corporal, toque e espaço, ainda assim estes são jeitos poderosos de comunicar através de linguagem corporal o tempo todo.

Quando o assunto é comunicação efetiva, nada funciona a favor das relações humanas melhor que a combinação de comunicação verbal e não verbal para se entender. Qual a diferença entre essas duas formas de comunicação?

Tem uma grande diferença entre essas duas formas de comunicação. Porém, o propósito final é de dividir ideias, pensamentos e emoções. Esse livro demonstra a importância da comunicação por linguagem corporal nas relações humanas. Você aprenderá:

Como Linguagem Corporal Influencia comunicação Humana

Como Internalização Impacta na Comunicação Externa da Linguagem Corporal Humana

ComoUtilizar Cinco Elementos da Linguagem Corporal em Comunicação

Como o Sistema dos Sete Sinais traz Comunicação Efetiva fechando o Círculo

Esse livro é dividido em três seções. Seção um; capítulos 1-2 lidam com a linguagem corporal através de comunicação verbal e não verbal. Apesar da ênfase desse livro ser na comunicação não verbal, esse capítulo mostra como três aspectos da vida humana, físico, psicológico e espiritual influenciam o resultado da comunicação verbal e não verbal.

Seção dois nos capítulos 3-5 discute-se os cinco elementos da comunicação por linguagem corporal humana.

Seção três no capítulo seis detalha a importância da resposta na comunicação. O capítulo final apresenta o Sistema dos sete sinais que traz comunicação efetiva fechando o círculo.

Esse livro dará uma vantagem para melhorar comunicação por linguagem corporal nos negócios, saúde e fitness, desenvolvimento pessoal, profissional e de carreira.

Quando foi feita a revisão deste livro, foi difícil escolher entre os capítulos, um que se destacasse sobre os outros. Todos os sete capítulos contém dicas fascinantes sobre comunicação por linguagem corporal.

Este é um livro que deveria estar em bibliotecas, tanto individuais, quanto institucionais. Em cada capítulo e tópico têm exemplos práticos para ilustrar, comparar e contrastar o tópico de discussão e apresenta um resumo do conteúdo apresentado em cada seção contida nos capítulos.

A razão pela abordagem desse resumo é colocar o material de comunicação por linguagem corporal em cada seção, como uma unidade.

Capítulo 1: Além da Comunicação por Linguagem Corporal

No reino animal, comunicação possui a forma verbal e a não verbal. Comunicação não verbal, a ênfase desse livro, é expressa entre animais através do atrito em postes e árvores, nos quais eles dão e recebem informações uns com os outros.

"Atenção pessoal, caçadores ilegais à frente." Esse é um tipo de comunicação não verbal que os animais compartilham em postes. Se a árvore é cortada e levada embora, o sinal de aviso e o odor se perdem. Animais passando pela mesma rota não estariam atentos do perigo. Poderia significar a extinção de uma espécie de animal.

Por outro lado, seres humanos usam palavras como guia, instrução e aviso. Seres humanos se comunicam verbalmente através de palavras e não verbalmente através de linguagem corporal. Na maioria dos casos uma combinação dos dois é usada nas relações humana. Por definição, "Comunicação é uma troca, um compartilhamento mútuo de pensamentos, atitudes, emoções e informações", David Hesselgrave escreveu em "A comunicação transcultural do evangelho".

Essa é a definição trabalhada nesse livro, adotada para demonstrar Como a Linguagem Corporal Influencia Comunicação Humana. Mas primeiro você precisa entender a diferença das duas formas de comunicação verbal e não verbal.

Comunicação verbal e não verbal
1.   Comunicação Verbal
Comunicação verbal é a forma mais velha e mais comumente usada. Em uma tradição oral como na África, um grande volume de palavras flui diariamente para compartilhar ideias, pensamentos e emoções.

Um bom contador de histórias mantem o ouvinte em expectativa do acontecimento através de figuras imaginárias pintadas pelas palavras da história.

Suspense induz a virada de páginas do livro. Suspense é parte da arte de contar histórias e efetiva a comunicação tanto oral, quanto escrita. Você se espantaria da rapidez que as palavras mudam de significado em diferentes culturas através dos séculos

Por exemplo, se você pensa "Alice" é simplesmente um nome de garota, você está para aprender que o termo significa muito mais.

ACE não é apenas o nome de uma empresa de publicidade. Significa muitas coisas, inclusive *Aero Space Control Environment* (área de controle aeroespacial). Nos anos recentes esse termo vem sido utilizado em *coaching* de vida em relação à preparação para entrevistas de emprego.

2. Comunicação não verbal

Linguagem corporal não é uma forma isolada do processo de comunicação. No capítulo sete você aprenderá do Sistema dos sete sinais que traz comunicação efetiva fechando o círculo.

Neste primeiro capítulo e no decorrer do livro, você será introduzido a três Comunicações por linguagem Corporal diferentes. Terá detalhamentos de três classificações de comunicação por linguagem corporal na seção dois desse livro nos capítulos 3-5.

Linguagem corporal consiste de três aspectos da vida humana, assim como de ambiente. Esse livro guia ao entendimento da importância da comunicação por linguagem corporal e além.

Além da Comunicação por Linguagem Corporal

Linguagem Corporal tem sido o tema de debate e pesquisa ao longo dos anos. Você não percebe o quão diferente sua vida é até que entra em contato com outras culturas. O foco de pesquisa ao longo dos anos nesse tema tem sido duas áreas:

1. Significância da linguagem corporal na comunicação.
2. Significados separados dados aos diferentes movimentos corporais em culturas distintas.

Muito tem sido realizado, mas estudos na comunicação por linguagem corporal continuam a desenvolver e revelar novas descobertas para melhorar as relações humanas através de comunicação efetiva.

Movimentos corporais associados a comunicação são estudados em "Cinética", que simplesmente significa "o estudo de gestos no movimento corporal como no piscar, encolhimento de ombros, e aperto de mãos...", Dicionário Collins.

Sigmund Freud, o homem creditado com vários estudos nessa área escreveu: "nenhum mortal mantem segredo. Se seus lábios são silenciosos, ele fala com os dedos; traição escorre dele em cada poro". Freud e outros pesquisadores descobriram mais de 135 significados de gestos e expressões de comunicação por linguagem corporal através da face, cabeça e posturas corporais.

Milhares de posturas são disponíveis para seres humanos. Todos traçam seu significado na cultura. Pode se dizer que linguagem corporal é universal. Por outro lado, no que se refere aos diferentes significados dos movimentos corporais, é necessário limitar o significado de linguagem corporal a apenas uma cultura.Alexander Dumas, o autor de "Os Três Mosqueteiros", observou que "Italianos não só falam a língua italiana, eles gesticulam em italiano". Essa verdade testada pelo tempo é replicada por vários grupos de sociedade. No Quênia, por exemplo, o passar a mão pela boca significa que o trabalho está feito. O mesmo passar de mão pela boca pode significar outra coisa em outra cultura.

Você já assistiu filmes com legendas: o que você faz para coordenar a linguagem corporal com as legendas na tela? Em vários casos, dublagem ecoa os sentimentos do personagem, mas a gesticulação pode significar diferentes coisas e não apoiar as palavras na legenda na tela da televisão.

Como Três Aspectos da Vida Humana Influencia Linguagem Corporal

Você prefere acreditar no que vê ao que não vê. Essa é a ênfase colocada na frase "o que você vê, é o que você tem". Você imagina cristãos devotos que pregam e ensinam sobre a separação do corpo e da alma não possuem dificuldades em diferenciar os três aspectos da vida humana. Você pensa que os cristãos já têm a resposta.

Nem todos. Você não precisa prova spiritual ou científica para ver a diferença dos dois aspectos espiritual e físico. Se você tem dificuldade vendo o ser humano como três em um organismo vivo, um espelho de corpo inteiro vai resolver.

Esse livro começa com o exemplo de uma sombra humana. Essa é sua deixa e sua chave para entender separação e junção dos três aspectos da vida humana.

Não erre

Você é físico, psicológico e espiritual em natureza. Você não é mais um ser físico tendo experiência espiritual e psicológica.

Qual parte sua veio a existir antes da outra, o corpo ou o espírito?

Separado e junto

Você sabe que a vida humana está no corpo, mas não faz parte do corpo. Vida está no espírito. O corpo é um veículo que através do espírito invisível é manifestado no mundo físico. Os três aspectos da vida humana físico, psicológico e espiritual são simples e diretos para entendimento, ainda assim muitos o perdem. "É o espírito quem dá a vida; a carne em nada se aproveita...," a palavra segundo João 6:3 afirma. Mas isso é somente se você acredita no sobrenatural e sendo Deus o criador de todos os seres vivos. Como você pode diferenciar entre estes três aspectos humanos, interno, externo e intelecto?

1. Eu interno

Olhe no espelho. A face olhando de volta se assemelha com seu físico e age de maneiras semelhantes as suas. Ainda assim, você e sua sombra são estranhos um ao outro em várias formas.

A imagem no lado oposto do espelho vai lhe encarar de volta com um ponto de interrogação na sua face,

"Quem é você?" Você quase pode escutar o som do silêncio do seu eu invisível lhe perguntar.

"Onde já te vi antes?" Não se preocupe em perguntar sua sombra. Vocês dois têm estado juntos o mesmo tempo que você está vivo em seu corpo físico. Você ainda não entende. Dificilmente reconhece a imagem no espelho, muito menos associar esta imagem como uma parte, uma parcela de você. Você só não temprestado atenção para a conectividade e interconectividade entre seu eu interior e exterior. Se já o fez, a pessoa interior dentro do espelho não pareceria ou agiria estranhamente.

2. Eu externo

Você vê, toca, cheira e sente coisas. Você não consegue ver, tocar ou cheirar algumas coisas, mas assim mesmo elas estão ali. Você é três em um só. Sua personalidade interna e a externa são como dois lados da moeda. Você não pode ter um sem o outro. Entre eles está o intelecto, o aspecto psicológico que faz a conexão entre essas duas personalidades possível.

A personalidade interna reside no corpo físico o que é a pessoa externa. A pessoa interna é a parte invisível de sua personalidade. A pessoa interna é referida como subconsciência e a externa referida como consciência. A pessoa interna é presa na limitação de um corpo. Fisicamente você só pode estar em um lugar em determinado tempo. Espiritualmente você pode se encontrar em diferentes lugares simultaneamente.

Imagine o estudante na sala de aula, mas ausente na mente. O professor não tem ideia de onde a mente do estudante está. O estudante presente na sala no corpo físico, mas ainda assim a mente pode ser transportada para a tarde anterior quando saía com os amigos.

A pessoa interna pode viajar para a Austrália, enquanto o corpo está adormecido nos Emirados Árabes Unidos. A distinção entre pessoa interna e externa é tão enunciada, mesmo assim muitos não percebem ou levam em consideração e esse é o segredo para entender a comunicação por linguagem corporal efetivamente que esse livro discute.

Você quer saber a dificuldade de separar personalidades da consciência e da subconsciência (interna e externa). Tente se separar da sua sombra.

3. Vivendo de dentro pra fora

Você raramente pensa em viver a vida de dentro pra fora. Você simplesmente assume que aquilo que você vê no mundo físico é sua vida. Dificilmente você reflete que o que está do lado de fora é o que vem de dentro. Pense numa árvore. Você vê vida numa árvore nas suas folhas verdes. Folhas estão do lado de fora ao alcance dos olhos. Mas a vida da árvore está dentro dela.

O mesmo acontece na vida humana. A vida verdadeira está dentro do eu invisível. Sua manifestação está por fora no mundo visível (físico). Mesmo assim, sem o invisível, o visível não existiria.

Se você entende a árvore, a vida humana engloba o físico, psicológico e espiritual, você também entenderá como esses três afetam comunicações internas, o tema do nosso próximo tópico no capítulo 2.

Capítulo 2: Como a Comunicação Interna Influencia a Linguagem Corporal

"Todos sabemos hoje que comunicação é essencial para o melhoramento econômico, social e político dos seres humanos", Sr. Gerald Cross, Secretário Geral da União de Telecomunicação Internacional no discurso em 1965 no Amateur Radio e conferência da União Internacional em San Jose, Califórnia, em 4 de Julho.

Você pode adicionar psicológico e espiritual para trazer efetividade na comunicação humana num círculo fechado. Cinco décadas de memórias desde os dias distantes de descobertas tecnológicas em comunicação, a linguagem corporal continua confundindo especialistas em todas as indústrias. Quanto da linguagem corporal você usa no trabalho, em encontros sociais, negócios e em casa? Você não saberia precisamente o quanto a não ser que entendesse a conectividade e conexão das vidas dos seres humanos.

Conectividade e Conexão

Você já leu sobre a lei da atração. Você já ouviu sobre telepatia – "comunicação entre duas pessoas diferentes em forma de pensamentos". Nenhuma dessas formas de compartilhamento de pensamentos e ideias seria possível se você não fosse um ser físico, psicológico e espiritual por natureza. Qual a conexão entre esses três aspectos com a vida humana?

Conectividade de pensamento acontece no mundo invisível. Aqui é onde pensamentos, sentimentos e emoções são formados. A demonstração aparente é manifestada no mundo físico através do corpo.

Todas as ações do mundo físico são governadas pelas leis da natureza. Refresque sua memória na distinção entre os três aspectos humanos: físico, psicológico e espiritual discutidos no capítulo dois desse livro, se precisar dele.

Teorias da Criação
Conectividade e interconectividade entre plantas, animais e seres humanos tem origem na fonte original – Ser Sobrenatural que muitos se referem como DEUS. Isso é, se você acredita na teoria criacionista como originária do universo. Porém, se você acredita na teoria evolucionista como verdade, você tem muitas explicações a fazer.

Você não precisa de provas científicas para acreditar que há harmonia no universo. Simplesmente veja as plantas e a vida humana. Como isso é possível? Tente se separar do físico e se conecte ao psicológico – espiritual. Você precisa suspender as suposições monótonas que leu em livros e ouviu em palestras. Seu olhar de entendimento é capaz de capturar e presenciar figuras de um universo perfeito além do horizonte no teatro da sua imaginação, se não se importa.

Olhar de Entendimento
Você descobre que o céu não é o limite, mas uma distância até onde seus olhos

chegam. Seu "olhar de entendimento" espiritual é capaz de penetrar o azul profundo do céu para trazer a mente sons e visões de um mundo além e conectar suas experiências físicas e psicológicas ao mundo espiritual e a galáxia.

Ciência fez muitas descobertas e abriu janelas ao desconhecido. Ainda assim as descobertas científicas não se comparam com a ingenuidade de Deus em trazer a existência de vidas e combinando as almas aos corpos humanos.

Já ouviu do avanço científico de fazer espermatozoides e óvulos? Bancos de esperma não teriam valor se a ciência pudesse criar vidas. Seres humanos não podem confiar na pesquisa científica para manufaturar espermas (como se fosse possível). Quem quer reinventar a roda?

Ciência e Tecnologia

Claro que a tecnologia para preservar e fertilizar óvulos que são implantados no útero está disponível. Mas é o máximo que se atinge. Esperma e óvulo são manufaturados pelo corpo.

A vida humana ainda espanta cientistas, porque somente Deus sabe a receita. Ele, somente, retém a patente da vida e zelosamente a guarda. Ninguém possui acesso a patente e essa é a razão que somente Deus combina os corpos às almas.

Não importa a teoria que você escolher, se criacionista ou evolucionista, não muda os fatos da conectividade entre as coisas vivas. Se você precisa de prova, olhe em volta na natureza. Você não pode negar a conexão entre você e os animais, as plantas, a vida marinha e os pássaros no ar. Você pode aceitar isso como fato sem entender todos os detalhes.

Plantas, animais e seres humanos compartilham um ancestral comum com todas as coisas vivas, pássaros no ar, peixe e insetos. Ainda assim você é especial e único assim como sua comunicação por linguagem corporal.

"Um indivíduose mantém um indivíduo não só do nascimento a morte, mas muito antes de nascer, e muito depois de morrer", como observou Joel Goldsmith – autor de "O Caminho Infinito".

Como a Singularidade Individual Influencia na Comunicação por Linguagem Corporal

Singularidade individual pode não ser tão enunciada e manifestada no spiritual quanto no mundo físico. Mas mesmo com as raras provas de fato, a singularidade humana individual é verdadeira no mundo físico.

"Ninguém é capaz de reproduzir minha pincelada, ninguém é capaz de repetir as marcas de meu cinzel, ninguém é capaz de reproduzir minha caligrafia", dizia OgMandino em "Os dez pergaminhos". Nada é melhor que saber que você é uma obraprima da criação.

"Num ninho quebrado não há ovos inteiros", já dizia um provérbio chinês. Essa citação demonstra uma figura de desarmonia no universo. Porém, a existência de fios invisíveis de poder que segura e mantém todas as coisas em harmonia perfeita é inegável. Esses fios são demonstrados através de sete características que faz a comunicação por linguagem corporal possível.

Sete Características da Comunicação por Linguagem Corporal

1. Impulsivo

Comunicação é dinâmica. É um processo contínuo. Move-se pra frente e pra trás do remetente ao recipiente e vice-versa na forma de resposta. Você lerá sobre essa resposta no capítulo seis. Seres humanos mudam, assim como os padrões de comunicação e interpretação da comunicação por linguagem corporal de um lugar para o outro.

2. Interativo

Comunicação ocorre entre pessoas. No caso de comunicação interna no capítulo dois, envolve três aspectos da vida humana: físico, psicológico e espiritual. Refira-se a este capítulo para conhecer a consciência, subconsciência e o intelecto na comunicação por linguagem corporal.

3. Indefinido

Comunicação produz resultados positivos ou negativos.

4. Irreversível

Um provérbio chinês diz "Uma palavra duramente dita não pode ser trazida de volta, mesmo com uma carruagem de quatro cavalos". Na emoção do momento você usa comunicação violenta improdutiva, somente para se arrepender de ter usado aquelas palavras tão duras.

Palavras faladas imprudentemente demonstram falta de controle. No caso da comunicação interna é a desilusão. Em comunicação interpessoal é a demonstração de suas ações.

Outro provérbio diz "Falar sem pensar é como atirar sem mirar". A Bíblia diz "Uma resposta suave transforma uma ira".

5. Envolvimento

Comunicação entre as personalidades consciente e o subconsciente trabalha em harmonia para produzir resultados na vida. Os dois puxando para lados opostos somente criam conflito, crescimento atrasado e desaceleram a vida.

6. Comprometimento aumentado

Quanto mais você engaja sua mente no pensamento positivo, mais pensamentos positivos ficam ao centro na sua mente e mais chances você cria para exibir linguagem corporal positiva.

7. Contexto – Comunicação não tem significado isolada do ambiente

Tudo dito e feito, comunicação não tem lugar no vácuo.

Resumo da Seção Um

O capítulo um explica a distinção entre comunicação verbal e não verbal baseado em fatos pesquisados. Esse capítulo também é uma janela para ver o capítulo seis demonstrando que comunicação efetiva vai muito além de verbal e não verbal para incluir os três aspectos da vida humana: físico, psicológico e espiritual.

Esses três aspectos da vida humana influenciam comunicação interna o que passa através do sinal dos sete sinais discutidos no capítulo sete.

Seção 3
Como Linguagem Corporal se Encaixa no Padrão Ideal de Comunicação

Todos os movimentos corporais têm significados. Contudo, os significados mudam de lugar para lugar, de cultura para cultura, país para país e continente para continente. Existem três classificações distintas notáveis usadas na maioria dos casos na linguagem corporal. Essa seção do livro explora as três classificações de comunicação por linguagem corporal.

1. Físico – Coçando, piscando, alongando, bocejando são movimentos externos mais comuns.
2. Psicológico – Intelecto.
3. Social – Toque.

Ler sobre a classificação do físico em coçar, piscar e alongar no capítulo três. Engaje seu intelecto com *insights* psicológicos sobre linguagem corporal no capítulo quatro e reconheça com a comunicação por linguagem corporal no capítulo cinco.

Quando comunicação verbal não funciona, como acontece muitas vezes em nossas vidas, a linguagem corporal oferece uma alternativa de escape para criar entendimento entre as pessoas. Quer você use as mãos, braços, cabeça, tronco, todos os movimentos corporais comunicam mensagens.

Você leu como os três aspectos da vida humana físico, psicológico e espiritual influenciam na comunicação por linguagem corporal no capítulo dois. A ênfase no decorrer desse livro é na comunicação por linguagem corporal. Porém, não se pode ter linguagem corporal, sem um corpo.

Você é um ser humano físico. Você também é um ser psicológico e social. Esses três aspectos da vida humana influenciam na comunicação por linguagem corporal.

Na primeira seção do capítulo um e dois você leu sobre a conexão desses três aspectos da vida humana: físico, psicológico e espiritual. A ênfase na comunicação por linguagem corporal nesses capítulos é individual. Nos próximos capítulos, 3, 4 e 5 aprofunda nas três classificações distintas de comunicação por linguagem corporal – físico, psicológico e social. Vamos iniciar nessa seção com os apoios físicos na comunicação por linguagem corporal.

Capítulo 3: O Físico Põe a Linguagem Corporal em Perspectiva

Você é limitado quanto a mudanças no seu corpo físico. Os equipamentos naturais do corpo se mantêm os mesmos.

MaharashiMahishYogi tem 1,5 metros de altura, mas isso não o impediu de ter muitos seguidores numa cultura em que a pessoa que está na estatura média é alta.

Atratividade física, confiabilidade, altura, coloração da pele, tudo contribui para uma imagem de sucesso na sociedade contemporânea. Porém, alcançar sucesso vai além das características físicas até psicológicas e sociais. Também inclui o aspecto espiritual da vida humana.

Comunicação efetiva leva outros fatores em consideração além de estatura e aparência física. Você não precisa de habilidades especiais para saber a diferença entre africano e branco americano. Você não conseguiria diferenciar um africano de um branco americano pelo tom de voz se a pessoa estiver atrás de uma parede. Mas todos são únicos independente de cor, crença ou comunidade.

Nessa segunda seção do livro, pega a sugestão dos três aspectos da vida humana discutidos no capítulo dois para mostrar como as pessoas elevam três tipos de parede em volta delas para proteção.

O capítulo explica o papel, lugar e espaço, espaço pessoal em colocar a linguagem corporal em perspectiva.

Espaço não é só importante na política, espaço pessoal tem um lugar na maneira que as pessoas se comunicam todos os dias.

1. Paredes Físicas

Você vê as paredes de pedra e tijolo em volta das casas por segurança.

2. Paredes Psicológicas

Você não pode aplicar violência em alguém que esteja urinando no chão, pois vocêseria acusado de violência física. Mas você pode apelar para seu intelecto com uma placa escrito: "Não urine aqui".

3. Paredes Sociais – Contato Corporal

Sociedades têm paredes psicológicas construídas sobre crenças e tradições. Essas três classificações de comunicações por linguagem corporal são discutidas em detalhes na seção dois desse livro nos capítulos 3, 4 e 5.

- Espaço Pessoal

O lugar e espaço do pai a poltrona é central na casa. Esse é o onde o homem da casa senta para ditar regras e manter a ordem. O domínio da mulher é a cozinha. A posição dela é definida por aquela posição de poder.

Instruções de dança incluem ganhar conhecimento sobre o seu espaço pessoal e o do seu parceiro. Quando você vê aulas de dança nos filmes, você pouco presta atenção ao papel do espaço parcialmente porquê não é parte da história principal.

No filme "Dirty Dancing – Ritmo Quente", o espaço pessoal não só é explicado pelo instrutor, é mostrado com linguagem corporal.

Você precisa saber da existência do espaço individual no estilo salsa de dança e outros aspectos para entender e apreciar esse estilo. Qual a distância de um(a) secretário(a) ao seu chefe em um escritório? Não é a mesma distância de namorados na fila de um cinema ou teatro.

Espaço é determinado pela distância que você considera fora dos limites para estranhos em uma conversa. Mas isso vai além de estranhos ou conhecidos. Pais, amantes, vizinhos, todos têm seu espaço pessoal. Essa distância imaginária é atribuída e aceita pela cultura que comunica o papel do espaço pessoal na comunicação por linguagem corporal.

Essa distância varia de um grupo lingual para outro. Ainda assim a distância forma uma parte significante da comunicação por linguagem corporal. Você manda sinais e ondas de choque para todos a sua volta pelo jeito que você anda, fala e através de outros movimentos que envolvem movimentos.

- Lugar e Espaço

Espaço e lugar contribuem para comunicação não verbal em várias maneiras se você for observar com entendimento. Quem é seu vizinho? Observe cinco maneiras que os espaços e lugares são usados na vizinhança e como eles afetam a comunicação por linguagem corporal

Todo mundo precisa de bons vizinhos. Contudo, nem todos vizinhos se dão bem. Não há nada que você ou qualquer outra pessoa possa fazer a não ser aprender a conviver e coexistir com o vizinho. É mais possível escolher o sexo da sua criança do que o tipo de vizinho que você terá nos dias de hoje.

Você deseja quer mudar de casa devido à atitude detestável do seu vizinho mais próximo. Infelizmente casas para se alugar são poucas. Mudar de casa também vem com muitasoutras complicações como novas escolas para as crianças, transporte, segurança, e disponibilidade de serviços como água e eletricidade. Vizinhos ruins são um preço pequeno a pagar em comparação com todas as inconveniências que trazem a sua família devido a proximidade de espaço. Existem três tipos de vizinhos que você quer evitar

1. Vizinhos Mais Próximos

Crianças mimadas irão atingir sua casa com pedras, quebrar os vidros novos da janela que você trocou no dia anterior e pintar suas paredes com vulgaridades. Ao tempo que a pedra chega ao seu sofá, a criança desapareceu.

Essas crianças reconhecem problema de longe. Quando você chega do lado de fora, exalando raiva em um lugar, agora, vazio. A criança voltou para sua residência e já está sentado tomando um copo de leite frio.

2. Vizinhos com Paredes em Volta da Casa

As paredes são construídas em volta de uma casa para aproveitar a privacidade e evitar os vizinhos. Você pode não ter contato visual com seus vizinhos de tempo em tempo, mas certamente os ouvirá gritando um com o outro o tempo todo e isso pode afetar seu psicológico.

Contato visual é importante na comunicação. O significado de contato visual é derivado da cultura. Dois árabes olham um para o outro nos olhos durante uma conversa; os Hausa da Nigéria não, enquanto os americanos olham em várias direções com o contato visual casual. O que essesgestossignificam?

Não há um significado específico universal para a interpretação dos gestos. Qualquer um que te diga que existe ainda não viajou o suficiente para notar os modos diferentes que os movimentos corporais são usados para diferentes propósitos na comunicação de diversos lugares.

3. Vizinhos que Amam seus Animais

O cachorro do seu vizinho deixa sua varanda com um cheiro irritante de fezes. É como se o dono treinou o seu pastor alemão a fazer exatamente isso. O jeito que o cão olha para você assustaria qualquer um que o visse.

Você tenta se mover pra perto do animal, como tentou antes e ele rosnou ferozmente e quase avançou em você. Tudo o que você pode fazer é falar com o vizinho que responderá "Fale com o cachorro, é ele quem está sujando sua varanda, não eu".

4. Vizinhos Territoriais

Quem é dono do espaço acima da terra? Mantendo a rivalidade a guerra fria se manteve por anos por causa da briga pela supremacia de espaço sobre a União Soviética e Estados Unidos ao que concerne a exploração espacial. O que isso sugere? Como conquistar o espaço afeta os indivíduos? O que essa briga nos comunica? Conflitos territoriais, guerras, indignação são algumas manifestações da corrida pelo espaço.

Dinheiro pode comprar muitas coisas, mas não compra bons vizinhos. Ou você os tem, ou não. Você não pode fazer ou escolher seus vizinhos. É assim que tem sido desde tempos passados ao compartilhar territórios e lugares com seus vizinhos.

5. Linguagem Corporal Além do Ambiente Individual

Governos de países diferentes zoneiam suas áreas de voo. Ninguém mora lá em cima. É um espaço vazio pelo que se sabe e ainda assim é marcado e designado como sendo da União Soviética, EUA, EURO space, espero que africanos e árabes também tenham um espaço para chamar de seu também. E quanto às terras sem dono? Aquela faixa de terra na fronteira comum dos países, a quem pertence?

Capítulo 4: Visão Psicológica na Linguagem Corporal

Sua mente está acelerada antes de pisar no acelerador toda manhã e dirigir para o escritório. Você imagina os carros na frente, atrás, para-choque perto de para-choque. Você consegue até sentir o cheiro da fumaça do escapamento dos carros. Você literalmente gera seus próprios hormônios do estresse antes que o engarrafamento realmente aconteça no mundo físico

O que esperava? Você iniciou no teatro da sua imaginação todos esses cenários do jeito que aconteceria. Agora você está nessa situação do jeito que pensou que seria e não há nada que alguém ou você possa fazer para mudar a situação. Qual é a pressa?

O Tempo Espera por Ninguém

Ninguém quer esperar. Ninguém está feliz pela velocidade rápida da vida.

Você cria a situação na sua cabeça e com certeza vai acontecer no mundo físico do mesmo jeito. Isso é o que você quer que aconteça na sua vida diária? Não exatamente, mas ainda assim, a realidade está bem na sua frente. É essa realidade de todos os dias.

Até quando você vai cooperar com pressão auto infligida de chegar ao trabalho e ter a esperança de fazer um bom trabalho? Se voce for honesto, não será muito tempo. Mude o jeito que pensa e pare de criar situações imaginárias ruins em sua mente e viva no mundo físico. Isso é o que este livro fala sobre comunicação interna no capítulo dois. Tudo começa no corpo – por isso a comunicação por linguagem corporal. Voce está exposto ao impacto psicológico do tempo, contato visual e da comunicação por linguagem corporal da língua. Voce não tem tempo. Ninguém tem.

- O Tempo Fala

Tempo é dinheiro. O tempo espera por ninguém e também o tempo fala. Sua vida gira em torno do tempo. Você acorda e vai dormir no mesmo horário quase todo dia.

No meio tempo, seu dia é tomado por uma atividade atrás da outra.

Se você tem preocupação quanto a saúde e fitness, você sai para correr logo de manhã. Ir para o escritório leva tempo na parte da manhã. Você pausa para almoçar ao meio dia, trabalha até as cinco e termina o dia.

Você sabe o tempo exato de chegar em casa a tempo de jantar, então você passa no bar e toma uma saideira. Como o tempo se comunica através de linguagem corporal para influenciar sua vida em casa, na rua ou nos negócios?

1. Tempo no Ambiente de Casa

O ambiente de casa tem o horário do jantar as seis, notícias na televisão e uma taça de vinho antes de dormir.

O residente remoto rural no país de terceiro mundo compartilha um senso comum com a urgência de tempo de um CEO do Vale do Silício nos Estados Unidos. A única diferença é o uso e o significado dado por estas duas pessoas diferentes.

O CEO mantem o controle do tempo pelo seu relógio de pulso Pulsar. Se você acompanha as atualizações de relógios de pulso, você conhece ou já ouviu falar do Pulsar. Ele tem um cronômetro muito acurado, próximo a um décimo de segundo.

Sua vida é ordenada pelo tempo. Por exemplo, você não planejaria comprar cereais para o café da manhã de amanhã no meio da noite de hoje. Você tem sorte de ter lojas 24 horas abertas na sua localização. Em alguns países, as lojas fecham no fim do dia.

Países desenvolvidos veem o tempo diferentemente dos países subdesenvolvidos. No Ocidente, tempo é dinheiro. Um olhar no relógio diz muito se você está para se apresentar no lançamento de um novo produto ao mercado.

Nos esportes, um milésimo de segundo de uma largada queimada no atletismo pode custar uma vitória. No futebol, os últimos segundos são tão importantes quanto os primeiros minutos da partida. O

significado do tempo é visto de formas diferentes.
- Chineses – Passado
- Ocidentais – Futuro
- Africanos focam nos incidentes passados pontuados na expectativa do futuro. Essas visões diferentes tem origem nas culturas. Em muitos países africanos, o mercado comanda a sequencia no tempo e nos eventos da semana. No Japão, os negócios levam tempo a serem fechados. Isso frustra os magnatas de negócios norte americanos que dependem do tempo

Os cronogramas não é um fator grande em comunidades orientadas por eventos. Reuniões marcadas para as de da manhã podem atrasar e começar duas horas depois e ninguém se preocupa com o tempo perdido. É o evento, a tarefa que manda no tempo. Pessoas geralmente relaxam e ninguém se incomoda. O tempo significa,
- Pontualidade – no mundo dos negócios, tempo é medido em segundos, minutos e horas. Em

reuniões religiosas e sociais você nunca está atrasado, pois são comunidades não orientadas pelo tempo
- Quando você está em uma nova cultura, você poderia se ofender sem nenhuma razão por causa do tempo. A medida real do tempo é determinada pelo significado dado a ele pelo grupo local de pessoas residentes naquela comunidade.

Os residentes rurais dizem o tempo olhando para as sombras. E se o dia estiver nublado?

Duas Razões Que Justificam Que o Tempo Fala

Fabricantes de relógios caminham grandes distâncias para criarem um bom produto por duas razões. O relógio de pulso Pulsar tem alarme diário e uma temporização única que faz contagem regressiva e no sentido anti-horário para ter um tempo mais preciso.

É também o primeiro relógio que não precisa de bateria. E mais você pode ter dois fuso horários. Porque tudo isso?

- Significância do tempo na vida dos seres humanos.
- Discurso de venda – relógios de pulso Pulsar parece bom no papel e é ótimo usá-lo na pele.

Sociedades não ocidentais podem viver sem relógios e realizar o mesmo tanto em um mesmo dia. O mundo Ocidental tem toda uma razão para depender de relógios como um resultado da revolução industrial. A maioria dos não ocidentais nunca teve essa experiência e estão se esforçando e chegando na era da informação com o resto do mundo.

2. **Viagem no Tempo**

Os ônibus vêm e vão no terminal do aeroporto internacional de Heathrow de cinco em cinco minutos de intervalo. O ônibus de chegada e partida são marcados de forma a coincidir com os voos que levam os viajantes. Aqueles que não andam em carros privados preferem ir de ônibus e aproveitar a vista do interior até sua destinação escolhida.

Na maioria das vezes o ônibus viaja vazio. Você imagina ser um desperdício vindo do terceiro mundo onde os ónibus viajam na capacidade máxima de passageiros. No ocidente as pessoas são conscientes das necessidades do milésimo de segundo. Começa e termina.

Em comunidades não orientadas pelo tempo, casamentos, serviços de igreja dificilmente começam e terminam no tempo pré determinado.

3. **Cronograma no Tempo dos Negócios**

A maioria dos negociantes americanos não tem paciência de enrolar em um venda de negócios por uma semana. Japoneses não têm tanta pressa.Esse contraste traz um pequeno conflito quando esses dois grupos negociam.Os negociantes americanos querem descer de seus jatos, descansar do *jetlag* e fazer negócios.

Ele quem irá marcar a reunião na esperança de manter um cronograma. Os japoneses ainda poderiam enrolar por dias até finalizar a negociação. O americano está furioso por causa de o seu jatinho estar em espera, esperando ele voltar pra casa. Isso não move os japoneses. Para estes o tempo é importante quando o negócio está feito, por horas, dias e até por semanas. A culpa não é deles.

O mesmo serve para os serviços de igreja e outras funções como jantares, cerimônias de premiação ao vivo que transmitem a milhões de telespectadores do mundo todo. Você vê o motivo dos americanos para investir em tempo.

Missionários podem ficar frustrados quando o serviço não começa no horário marcado. Não importa os que chegam no meio do serviço, alguns que só vão para receber as bênçãos.

Olhe bem, Deus não tem pressa, por que a congregação ou o clérigo deveria ter? Como esses diferentes pontos de vista sobre o tempo contribuem para a comunicação por linguagem corporal?

"Assim como o jardineiro cultiva a terra, mantendo-a livre de ervas daninhas, um homem pode cultivar o jardim de sua mente, extirpando todos os pensamentos ruins", escreveu James Allen, autor do livro "O Homem é Aquilo que Ele Pensa".

4. **Pontos de Vista Sobre oTempo.**

Pessoas diferentes valorizam e veem o tempo de formas diferentes. Tempo é uma comodidade valiosa para gastar e investir para os ocidentais. Bondes tem seu tempo certo de vagar. Viagens aéreas tem o tempo certo de *check-in*. Você não chega em um aeroporto para entrar direto no avião. É esperado que você faça o *check-in* antes de embarcar no avião, confirmar seu voo, sentar na área de espera e aguardar para o embarque e saída do avião.

Se você perde o trem das cinco de volta pra casa e a mulher está em casa brava por você ter perdido outro jantar as seis da tarde. Em comunidades não ocidentais, especialmente na África, a comida é servida quando está pronta. Pode ser qualquer horário entre as oito e meia-noite. Ninguém se importa quando todos vão pra cama de estômago cheio. Esse é o tipo de valor que as comunidades têm sobre o tempo.

Não há um jeito certo ou errado de colocar valor no tempo, ao menos quando beneficia indivíduos ou instituições que completam tarefas. Tempo é visto como começo e término de eventos no mundo Ocidental. No contexto africano, não a diáspora, o tempo é um evento realizado.

Indianos veem o tempo em círculos. Não há um início ou fim específicos. Essas visões diferentes do tempo influenciam a comunicação por linguagem corporal de maneiras diferentes. Tempo também está ligado ao espaço e lugares.

- **Espaço e Lugar**

Vamos mover do espaço domiciliar para a comunidade adjacente a esta antes de colocar seu lugar e espaço no universo.
Espaços Público e Privado
Países, continentes e comunidades que usam energia eólica devem batalhar por

uma ocupação na exploração espacial. Tudo começa com espaço pessoal que você pode encontrar no início da seção três desse livro.

- **Posições e Lugares**

Política ocupa uma grande parte da vida humana. É bom mencionar como a linguagem corporal melhora a imagem com o eleitorado. O político fica de pé na frente da audiência numa plataforma elevada. Essa posição do político no pódio indica duas coisas:
Primeiramente, eleva a posição do candidato e, posteriormente, dá ao político uma boa visão da plateia. Você sabe quem é o convidado de honra em um evento? Olhe o arranjo dos assentos.
Palestrantes e estudantes assumem posições específicas na sala de aula. Não só a estrutura dos prédios sugere uma posição elevada, mas o professor em pé na frente da sala mantém os olhos nos estudantes mais rebeldes. Essas posições

mantêm estrutura social fluírem sem falhas.

Em qualquer ocasião social que você atende, seja casamento, funerais, campanhas políticas, uma característica constante é o posicionamento. Tem uma mesa central para as pessoas mais importantes no banquete. Assentos especiais são reservados para palestrantes, administradores e membros da instituição. Posições são comunicativas, pois elas conectam as pessoas.

- **Esferas de Participação**

A proximidade que os alunos homens e mulheres sentam próximo uns dos outros é determinada pela educação do departamento de ética de um país. Posição e participação são diretamente ou indiretamente relacionadas através de linguagem corporal. O espaço é relacionado como parte da comunicação com palavras e movimentos corporais.

Nas igrejas rurais, homens e mulheres sentam em fileiras diferentes, mesmo sendo pessoas casadas. Igrejas urbanas são mais liberais e a família se senta junta. Esses são indicativos de comunicação por linguagem corporal.

- **Posicionamento e Design**

Mostre-me uma casa de uma família cristã em qualquer lar africano e mostrarei várias casas na comunidade que são muito ligadas à cultura no continente africano.

Isso não ocorre somente entre cristãos comuns; é uma tendência é uma característica comum no clérigo, líderes leigos e cristãos sentados nos bancos da igreja. Não importa em qual nível hierárquico está na igreja. A posição geral e estrutura de muitas casas são mais culturais que religiosas, por natureza.

Mesmo sendo o arcebispo, bispo, pastor ou cristão comum, as casas africanas assumem certas características assinaladas pela cultura e não pelo cristianismo.

"...não podemos fazer algo sem comunicar alguma coisa", Conclui Hesselgrave. Em pé, sentado em qualquer lugar comunica uma mensagem, e também o contato corporal comunica como descrito no próximo tópico de discussão que concli essa seção do livro.

As mudanças proclamadas pelos africanos cristãos no cristianismo não combinam com a parte cultural. Como você vive uma vida cristã enquanto está enraizado na grossa raiz da cultura? Em qual parte o cristianismo predomina sobre a cultura? Por que a cultura é muito mais dominante sobre o cristianismo em qualquer cultura na maioria das sociedades?

Quando pode se parar de responder o que realmente dita a cultura cobre os cristãos? Essas são questões difíceis que requerem um olhar subjetivo e bem argumentado na vida que determina qual dura por mais tempo, cultura ou cristandade. Esse livro apenas arranha a superfície de como comunicação por linguagem corporal influencia na comunicação humana como um todo.

Espero que continue 'arranhando' pelo resto de sua vida para apreciar e entender, não só como você se comunica pela linguagem corporal, mas também apreciar outras culturas e jeitos de manter uma relação pela comunicação.

Capítulo 5: Linguagem Corporal Social Através de Contato Corporal - Toque

Quando foi a última vez que você tentou tocar alguém?

Uma mãe acariciando seu filho pequeno; dois namorados segurando mãos; um pai colocando sua mão sobre o ombro do filho depois que seu time perdeu são tipos diferentes de toque.

Não é tanto o toque, mas sim o sentimento e pensamento transmitido pelo toque que faz a diferença. Você toca em outras pessoas acidentalmente ou intencionalmente. Mas o efeito não é o mesmo dos três casos acima. Quando alguém toca em você de um jeito especial com um propósito especial como no caso "E Jesus, estendendo a mão, tocou-o", em Mateus 8:3 d'A Bíblia, o resultado é excitante e muda sua vida. O homem foi curado de sua doença. Você tocou em alguém de maneira especial recentemente? Você foi tocado dessa maneira especial por alguém? Esse capítulo foca no significado do toque na comunicação por linguagem corporal e conclui essa seção. Começamos com uma palavra na mão.

Uma Palavra na Mão

Apontar durante uma conversa nos EUA é desrespeitoso. Em outras partes do mundo esse gesto é inofensivo. Homens apontam uns aos outros o tempo todo para se expressar e explicar um ponto. Imagine um árbitro tentando controlar um jogo de futebol, rúgbi, basquete somente por comunicação verbal.

No esporte é ação. Não há tempo para conversas. Instruções e avisos são dados via comunicação por linguagem corporal.

Comportamentos de contato corporal incluem exclusivamente contato visual direto, falar alto ou gritar e proximidade corporal, assim como toque.

Você pode separar em grupos de pessoas em categorias num determinado grupo de contatos.

Linguagem Corporal Durante Cumprimentos

Quais as variações notáveis de contato em comunicação por linguagem corporal?

Cumprimentos e despedidas tem as variações mais significantesna linguagem corporal. A reverência japonesa, o aperto de mão americano, abraço ou até beijo quando se cumprimenta outras pessoas.

Hesselgrave no livro "A comunicação transcultural do evangelho" notou durante uma pesquisa que "os Gururumba das Terras Altas Orientais de Nova Guiné se cumprimentam estendendo o braço, costas e pernas e pegando-se nos glúteos".

Esse jeito diferente de se cumprimentar é aceitável naquela comunidade. Se os locais se cumprimentam assim, você deveria estar confortável ao cumprimenta-los assim dentro daquela cultura. Nas ruas de Londres, a não ser que os envolvidos compartilhem uma ligação cultural comum, causaria estranheza. Mas quem se importa. Se não forem os glúteos do cônjuge, não há motivos para preocupação.

Na comédia "Um Príncipe em Nova Iorque", com Eddie Murphy no papel de um príncipe da colônia remota e primitiva de Zamuda sendo um exemplo clássico de comunicação por linguagem corporal. Eddie Murphy está no estádio assistindo a um jogo e observando Liza, a garota dos seus sonhos. Ele precisa ir ao banheiro quando ele conhece um habitante local do seu país de origem. O homem reverencia profusamente pelo respeito de conhecê-lo.

Eddie é modesto, não quer atrair atenção para si mesmo. Ele tenta por o homem de pé novamente, mas os observadores ficam com dúvidas sobre esse ato de reverência ao príncipe. Esse é o tipo de poder que há na linguagem corporal. Não importa onde esteja, se seu cumprimento é um encostar de narizes, esse é o ato que aconteceria com um nativo da sua comunidade nas ruas de Las Vegas, Papua Nova Guiné ou Osaka no Japão. Comunicação por linguagem corporal se estende além do contato casual para o ato de cumprimentar e para o contato corporal.

Comunicação por Contato Corporal

Seu pai está visitando Kampala na Uganda do país acima; você segura sua mão nas ruas para lhe dar conforto e segurança. Não há algo de errado com esse contato corporal nesse país. Mas esse ato é estranho nos Estados Unidos da América.

Em estalagens rurais africanas, nunca se havia ouvido sobre jovens segurando mãos em público. Essas comunidades desaprovam desse contato corporal. Para eles demonstra promiscuidade.

Um ato semelhante de contato corporal não se deve conduzir em centros urbanos. Um abraço, selinho na bochecha, até mesmo beijo na boca pode não ser estranho aos jovens de cidades do terceiro mundo. Mas eu desafio você a usar esse tipo de contato corporal em espaços interioranos. Você presenciará a ira e desprezo dos membros dessa comunidade.

Não há algo de errado em colocar seu braço sobre os ombros de um amigo enquanto vocês andam e conversam pelas ruas. Não no oeste. Você seria reprimido e uma pessoa aleatória pode mandar você ao psicólogo, para conseguir aconselhamento.

Lições da Comunicação por Linguagem Corporal

Qual é o denominador comum em toda comunicação por linguagem corporal discutido nessa seção do livro no que concerne o físico, psicológico e social? Aqui estão três lições que você pode ler e reler de todas as comunicações verbais e não verbais desta seção e em todo o livro.

1. **Apreciação pela Comunicação por Linguagem Corporal**

Temos uma grande necessidade por apreciação de como o movimento corporal e linguagem é usada e entendida em diferentes comunidades. Comunicação tem uma grande extensão nas atividades, roupas, estilo de vida, artefatos e símbolos de adoração.

O uso de anéis nos pescoços das mulheres Masaai no Quênia não deveriam ser vistas como primitivo pelos missionários que se sentem atraídos para espalhar a palavra de salvação. Os batons usados por mulheres modernas demonstram classe, e o propósito pode ser melhor que somente pela beleza, mas também proporciona proteção de rachaduras nos lábios.

2. Estruturas Arquitetônicas

É verdade que o cristianismo e civilização vieram aos países em desenvolvimento através dos países já desenvolvidos. Também foi assim com a arquitetura. Ter uma ideia para a construção de um edifício tradicional para a igreja é uma ideia confortante e bem-vinda, mas consome muito tempo.

Por que não canalizar esse tempo, talento e tesouro a favor do objetivo principal? No cristianismo é o pregar a palavra e ensinar. Na educação, conhecimento e habilidades; na medicina é o tratamento e prevenção de doenças. Esses são os problemas que preocupam os estrangeiros que possuem um objetivo comum e são deixados com barreiras na comunicação por linguagem corporal.

3. Cultura é um Jeito de Mentir

Culturas são dinâmicas e sujeitas à mudança. Nenhuma cultura é estática. Não há tempo suficiente gasto em discussões de diferentes pontos de vista das interpretações da comunicação por linguagem corporal que substitua o propósito do qual os seres humanos foram postos na face da Terra para servir e serem servidos.

Resumo da seção 3
Essa seção esboça três classificações distintas para linguagem corporal, sendo elas: física, psicológica e social. Você precisa entender quais os diferentes significados da linguagem corporal em diferentes comunidades e apreciar a forma que eles dão esse significado.
Você perderá a importância dada a comunicação por linguagem corporal se você colocar sua cultura como acima das outras, a não ser que você observe e absorva a comunicação por linguagem corporal de outras culturas para lidar com a nova cultura. Qual o papel de obter respostas na comunicação por linguagem corporal? Leia mais sobre o assunto no próximo capítulo (seis) desse livro.

Capítulo 6: Como Linguagem Corporal Afeta a Resposta na Comunicação

A razão pela qual os seres humanos possuem dois ouvidos e uma boca é para ouvirem mais do que falam. Mas você sabe o que acontece na realidade. Quando há muita conversação no ambiente de trabalho, pouco trabalho acaba sendo feito.

Em casos extremos, comunicações(verbal e não verbal) violentas são usadas diariamente na comunicação humana. No livro "Comunicação não violenta: Técnicas para aprimorar relacionamentos pessoais e profissionais" do autor Marshall Rosenberg ele ilustra a influência a comunicação violenta com as palavras do poema "Palavras são Janelas":

"Sinto-me tão condenado por suas palavras,
Tão julgado e dispensado.
Antes de ir, preciso saber,
Foi isso que quis dizer?"

Palavras de condenação não são poucas nos discursos diários, o mesmo acontece com as ações da linguagem corporal. Você pode bloquear os meios de comunicação pelo jeito que você usa as palavras ou movimentos corporais. Você também pode afastar as pessoas de você condenando a comunicação por linguagem corporal delas. Comunicação efetiva leva em consideração todos os aspectos da vida humana, incluindo a comunicação por para linguagem.

Significado é a mente.

Um aperto de mão é um aperto de mão. Esse é o jogo. Mas o significado dessa ação é diferente em vários lugares. A ilustração dada no início do próximo capítulo vai esclarecer as diferentes interpretações e significados associados ao aperto de mãos. A comunidade Gbeya da República Centro-Africana valoriza o silêncio na conversação como é falado no provérbio "A fala é algo interno, quando sai atrai moscas". A hora das refeições tem uma representação especial nessa cultura e comunidade. Pouca ou nenhuma conversa é encorajada durante as refeições, a não ser que seja absolutamente necessário. Silêncio ou pausa tem significados diferentes em várias culturas.

Quais são alguns aspectos visuais da comunicação não verbal?

A resposta provê uma visualização ampla da counicação não verbal em quatro maneiras diferentes:

Quatro Maneiras Importantes da Resposta na Comunicação Humana

1. Ajuda no ajuste da mensagem transmitida;
2. Defende a liberdade de discurso e honestidade;
3. Ajuda na identificação de objetivos alcançáveis; e
4. Age como um motivador.

Comunicação não seria completa sem o sistema dos sete sinais delineados na conclusão do capítulo sete deste livro.

Capítulo 7: : Sete Elementos da Comunicação Efetiva

Um carinho nas costas, uma piscada, um abraço são todos sinais de comunicação por linguagem corporal.

Um aperto de mãos significa muita coisa. É um jeito de reconhecer a presença e o bem-estar daquela pessoa. Você inicia suas conversas com outras pessoas com um aperto de mãos firme.

Junto desse aperto de mãos você pode perguntar sobre a vida da outra pessoa e desejar boa saúde ao outro.

É difícil, mas não impossível, abandonar um costume como esse aperto de mãos. Você ainda pode estar ignorante ao fato de que um aperto de mãos não é uma prática universal comum no mundo. É realmente muito emocionante apertar as mãos de todos. É como estar com sede e desidratado e pensar que pode beber um oceano inteiro.

Mas, enquanto os hábitos do anfitrião lhe fascinam, você pode até esquecer alguns modos de comunicação por linguagem corporal próprios como o seu hábito de apertar mãos. Você não está consciente de que seu aperto de mãos pode ser mal interpretado. Você não vê o que pode estar errado com esse ato.

Como você pode saber, a não ser que alguém lhe diga? Se ninguém diz algo ou lança um olhar de desaprovação, você assume que está tudo bem e fica por isso mesmo. Porém, a realidade sempre vem à tona. O anfitrião pode ser gentil e caloroso e lhe dizer que o aperto de mãos é só para primeiros encontros, e o aperto de mãos deve ser breve. E você vem de um histórico cultural no qual o aperto é longo e firme. Então você pensa que o anfitrião não sabe apertar mãos.

Você precisa ser observador. Pergunte questões diretas para conhecer as práticas e comunicação por linguagem corporal da nova cultura. Você terá mais conhecimento da cultura local, ouvindo dos outros. Pode ser muito tarde para desfazer o dano que você causou nas suas relações humanas.

Seu tempo pode ter terminado paara retornar e reentrar no mundo que você deixou pra trás onde você aperta mãos com o sistema dos sete sinais no processo de comunicação.

SeteElementos da ComunicaçãoEfetiva

1. Escrita
É impossível pegar uma revista ou jornal que não contenha uma imagem ou artigo calculado para inflamar suas paixões nos dias de hoje. Você vive numa geração preocupada com sexualidade. Porém, você eleva seu padrão moral, e luta com sua mente e imaginação com as fantasias sexuais da literatura. Você também possui um par de ouvidos e se liga ao mundo da música.

2. Áudio
"...enquanto a imagem é o meio da declaração, o som é o meio de sugestão" escreveu Alberto Cavalcanti.
O uso do som na indústria cinematográfica continua a se desenvolver com grandes melhoras. O som natural usado no filme ajuda a produção dá a impressão de algo real e sustenta as imagens na tela.

O som também é usado onde as imagens distraem ou quando estas não adicionam valor significante. Diálogo, música e efeitos sonoros são participações comuns na produção de filmes modernos. Áudio tem um papel importante na comunicação.

Você cria imagens no teatro da sua imaginação o tempo todo através de sons e observações. Essas imagens se tornam personagens que comunicam o enredo atuado na sua mente fazendo parte da arte, objetos fatuais da comunicação interna dentro de você.

3. Arte Fatual – Objetos de Comunicação

Escultores usam exemplos históricos e técnicas para aguçar suas visões e aprofundar suas intuições na rica experiência presente no patrimônio humano. Um com exemplo são as esculturas em madeira.

O processo de reduzir a madeira à forma desejada por cortar as partes desnecessárias é vital para o resultado final do produto. Sua percepção das coisas é dada pelas coisas que você vê, o que ajuda a determinar as ações feitas pelas representações pictóricas da vida cotidiana.

Se você quer entender a significância dada aos artefatos, veja os emblemas de estado. Imagine isso: você ganhou a primeira medalha olímpica de ouro do Rio. Isso é seguido pela cerimônia e a bandeira nacional é içada no mastro. Você está diante de milhões de espectadores assistindo todas essas cenas pelo mundo todo para você receber a medalha. O que você pode fazer com suas mãos, olhos, ombros e cabeça? Você não fica só parado esperando receber a medalha. Um homem colocaria a mão dele sobre o peito, um gesto de amor ao seu país, enquanto sua bandeira nacional está voando majestosamente. Uma visão mais perto do rosto do atleta revela sua alegria. Cabeça está ereta. Os olhos focados na bandeira. Tem muita linguagem corporal que você pode testemunhar se a pessoa tirar um pouco do seu tempo para observar profundamente e entender a significância vinculada a esse movimentos corporais.

4. Pictórica

Enquanto dirige para a escola, as placas de trânsito são representadas por imagens. Na transmissão televisiva, as imagens tem papel importante. Primeiro você vê o que acontece. 'Essa é a...(estação) de notícias', as elaborações de gráficos, palavras e imagens.

A legenda e imagem do mundo rodando no seu eixo como uma abordagem científica de cobertura das notícias. Essa abordagem sugere uma cobertura realística dos eventos mundiais, sem viés e diante dos olhos do telespectador. A narrativa visual na televisão é fundamental na documentação de eventos, enquanto a narração oral contribui para a informação.

5. Numérica

As três pedras de cozinhar tradicionais (utilizando um fogareiro) são simbólicas transmitindo unidade e suporte na sociedade. Deixe uma pedra de fora e o fogareiro não funciona. Essa abordagem das três unidades se aplica aos três aspectos da vida humana: físico, psicológico e espiritual, discutido durante todo esse livro.

Esse conceito de três vertentes é melhor descrito por números, simbolizando a santíssima trindade (pai, filhe e Espírito, Santo). Sete é um número de completude. No sétimo dia, Deus descansou. Quarenta é um número de testes. Por quarenta anos os israelitas estiveram em áreas selvagens. Você pode lembrar de números representativos além dessa lista. Mas os números sozinhos não são efetivos na comunicação. Números são acompanhados de linguagem corporal para passar uma mensagem.

6. Cinética – Linguagem Corporal

Figuras públicas, pessoas comuns usam gestos manuais o tempo todo. Árbitros no futebol, vôlei, basquete e rúgbi gritariam até perderem a voz se eles só pudessem se comunicar por palavras com os jogadores e com os outros durante o jogo.

Você acena, aponta, aperta mãos e toca. Essas são demonstrações externas de comunicação por linguagem corporal que está em todo esse livro.

7. Olfatório – Cheiro, Gosto

Você pode não necessariamente ser capaz de distinguir uma colônia da outra, mas se a sua representação interna está sintonizada com a sua visual, você tem uma boa ideia de como um perfume é superior ao outro, mesmo sem o sentido do olfato.

O sistema dos sete sinais apresentados no último capítulo traz a efetividade na comunicação a um círculo fechado incluindo a comunicação por linguagem corporal.

Você pode crescer em estatura, tamanho corporal, mas nunca vai deixar sua criança interior morrer. Tem uma criança dentro de você que treina os vários aspectos da vida humana, incluindo interpretação e apreciação da comunicação por linguagem corporal.

O Provérbio do Velho Testamento adverte "Educa a criança no caminho em que deve andar; e até quando envelhecer não se desviará dele", Provérbios 22:6

Parte 2

Introdução

Quase todo mundo tem um desejo de ser capaz de ler pensamentos e saber o que está na mente das pessoas. Isso certamente resolveria muitos dos nossos problemas; ou criaria outra dúzia deles. Nós sempre nos importamos com o que as pessoas ao nosso redor pensam, seja o nosso chefe, esposa, namorado, colegas de trabalho, etc. Muitos filmes e livros são baseados em uma história na qual a personagem principal recebe um superpoder que a faz ser capaz de ler o pensamento das pessoas; isso a ajuda a conseguir o que quer porque, a partir deste momento, ela consegue literalmente manipular as pessoas. Aprender linguagem corporal te fará ser capaz de saber o que as pessoas pensam sem que precise ler seus pensamentos. Mesmo que a pessoa esteja tentando te enganar, o corpo dela nunca mente.

Os pensamentos das pessoas são expostos por seu comportamento. O homem tem cerca de 600 músculos em seu corpo, que juntos compõem a linguagem corporal;

gestos involuntários durante uma conversa revelam os nossos pensamentos. Comunicação não-verbal é uma forma universal de comunicação. Você pode não se dar conta, mas com o auxílio de movimentos do seu corpo você explica aquilo que quer dizer. Quase todas as características da sua personalidade são refletidas em sua aparência; comportamento, expressões faciais, linguagem corporal e entonação, todos estes são meios adicionais de comunicação sobre os quais nós não prestamos atenção o suficiente. Linguagem corporal - é uma importante parte da comunicação. Para melhorar a efetividade da comunicação verbal, você tem que trabalhar não apenas em sua aparência, mas também em sua linguagem corporal, que corresponde a 50% ou mais daquilo que você está tentando dizer. Linguagem corporal - é uma parte enorme da mensagem que você está tentando transmitir ao seu interlocutor.

É importante entender como você pode usar esta informação. Muitas pessoas não tem consciência de como elas são percebidas aos olhos de outras pessoas, e de que as pessoas podem subconscientemente identificar sinais como linguagem corporal e expressões faciais. O conhecimento sobre como você pode usar comunicação não-verbal para enviar os sinais corretos irá te ajudar a explicar as coisas apropriadamente e a deixar uma impressão positiva sobre você mesmo. Linguagem corporal irá te ajudar a entender as pessoas sem o uso de palavras.

Comunicação não-verbal - é uma das primeiras formas com as quais as pessoas se comunicavam umas com as outras. Hoje ainda não está ultrapassada e não desapareceu. Infelizmente, a maioria das pessoas ainda subestima seu poder. Linguagem de sinais, ou, em geral, a linguagem corporal, acompanha a humanidade por toda a sua História. Muitos oradores famosos usaram o poder oculto da linguagem corporal para influenciar as multidões. Eles dominaram a oratória e os gestos tão bem que eles poderiam literalmente hipnotizar a plateia. Comunicação não-verbal é uma parte muito importante da comunicação entre pessoas. Dominando a linguagem corporal, você será capaz de transmitir ao ouvinte um sentido verdadeiro das palavras, se tornando melhor e mais confiante. Comunicação não-verbal, ou simplesmente linguagem corporal - é uma forma única de comunicar-se. Comunicação não-verbal é usada com habilidade por pessoas bem-sucedidas. E se você quiser entendê-las melhor e os outros - aprenda linguagem corporal! Neste livro te mostraremos como usar linguagem corporal em várias situações diferentes para te mostrar que você pode precisar dela em todas as áreas, seja no trabalho, nas amizades ou nos relacionamentos.

Capítulo 1. O que é linguagem corporal?
Em primeiro lugar, vamos dizer algumas palavras sobre o que a linguagem corporal de fato é.

A comunicação não-verbal (linguagem corporal) - é uma interação comunicacional entre indivíduos sem o uso de palavras (transferência de informações por meio da entonação, gestos, expressões faciais, mímica, etc.) sem utilização de recursos do discurso ou da língua. O instrumento de tal "diálogo" é o corpo humano; ele tem uma grande gama de meios e métodos de transferir ou trocar informações, que inclui todas as formas de auto-expressão. O nome comum, que é utilizado pelas pessoas - é "linguagem corporal". Psicólogos acreditam que a interpretação correta de sinais não verbais é essencial para a comunicação efetiva. Cientistas descobriram que o percentual de informações transmitidas entre as pessoas distribui-se da seguinte forma: por palavras - 7%; por tom de voz ou entonação - 36%; meios não-verbais – 57%.

Ao aprender os sinais da linguagem corporal, você irá entender outras pessoas mais facilmente, e comunicar-se com elas de forma mais efetiva. A maneira como nós falamos, andamos, nos sentamos e nos levantamos, tudo isso revela algo sobre nós, e o que quer que esteja acontecendo no interior será refletido na linguagem corporal.

Capítulo 2. Gestos comuns que você precisa saber

Neste capítulo, vamos considerar uma variedade de gestos, para estudar a sua natureza e aprender como interpretá-los apropriadamente.

Sinais congênitos e adquiridos

Cientistas já fizeram muitas pesquisas para descobrir se os sinais não-verbais são congênitos ou se são adquiridos; se são transmitidos geneticamente ou adquiridos de alguma outra maneira. As evidências foram obtidas pela obervação de pessoas cegas e surdas que não poderiam aprender linguagem corporal com receptadores visuais ou auditivos. Os comportamentos gestuais de diferentes nações e dos nossos parentes antropológicos mais próximos - gorilas e macacos - também foram observados e estudados.

Os cientistas descobriram que a habilidade de sorrir de crianças que nasceram surdas ou cegas se manifesta sem qualquer aprendizado ou cópia, o que dá suporte à hipótese de que os gestos são inatos. Eles confirmaram algumas suposições feitas por Darwin sobre gestos congênitos quando estudaram as expressões faciais de representantes das cinco culturas profundamente distintas. Eles descobriram que diferentes culturas usam as mesmas expressões faciais para a manifestação de certas emoções, o que permitiu que concluíssem que estes gestos devem ser inatos.

Quando você cruza os braços, você coloca sua mão direita sobre a esquerda ou a esquerda sobre a direita? A maioria das pessoas não consegue responder a esta questão até que o faça. De um jeito, irão se sentir confortáveis. O outro causa desconforto. A partir disso, podemos concluir que este pode ser um gesto genético que não pode ser alterado.

Há também discordância sobre se alguns gestos são adquiridos e condicionados pela cultura ou se são genéticos. Por exemplo, a maioria dos homens coloca o seu casaco começando pelo braço direito, enquanto a maioria das mulheres veste o casaco começando pela manga esquerda.

Quando um homem dá licença para uma mulher em uma rua movimentada, ele geralmente gira o seu corpo para a mulher enquanto a mulher geralmente passa girando o corpo na direção oposta à do homem. Estaria ela instintivamente protegendo o seu peito? Este é um gesto inato ou ela aprendeu inconscientemente por observar outras mulheres?

Afinal, a maioria dos gestos de comportamento não-verbal são adquiridos e o significado de muitos movimentos e gestos é determinado culturalmente.

Gestos básicos

Quando as pessoas estão felizes, elas sorriem, quando estão chateadas franzem a testa.

Balançar a cabeça para cima e para baixo quase em todo lugar significa "sim" ou aprovação. Estes gestos parecem ser inatos, já que eles são também utilizados por pessoas surdas e cegas. Balançar a cabeça para indicar discordância ou negação também é versátil, e pode ser um dos gestos adquiridos na infância. Quando uma criança já está cheia e não quer comer, ela balança a cabeça para os lados afastando-se da colher para dizer "não". Assim, ela aprende muito rapidamente a usar o balançar da cabeça para expressar discordância ou atitudes negativas.

Nós devemos nos remeter ao nosso passado primitivo para a interpretação de vários gestos. Dentes arreganhados, preservados do passado, ainda são usados pelo homem moderno para mosrar hostilidade em um estado de raiva. Sorrir era originalmente um símbolo desta ameaça, mas hoje, combinado com gestos amigáveis, denota prazer ou boa vontade.

Encolher os ombros é um bom exemplo do gesto universal que indica que a pessoa não sabe ou não entende sobre o que se trata. Este é um gesto complexo que consiste em três componentes: palmas abertas, ombros levantados e sobrancelhas levantadas.

Assim como a linguagem verbal se difere dependendo da nação, a linguagem não-verbal também tem diferentes significados. Enquanto em uma área algum tipo de gsto pode ser reconhecido e ter interpretação clara, em outra ele pode não ter significado, ou mesmo ter um significado completamente oposto.

Gesto de "OK" ou círculo formado pelo dedo indicador e o polegar. Este gesto foi popularizado nos Estados Unidos no início do século 19. Há várias opiniões diferentes sobre o que as iniciais "O.K." significam. Nós nunca saberemos qual destas teorias está correta, mas parece que o círculo em si representa e letra "O" na palavra Okay. O significado de "OK" é bem conhecido em todos os países de língua inglesa, assim como na Europa e na Ásia; em alguns países, contudo, este gesto tem uma origem e um significado completamente diferentes. Por exemplo, na França, quer dizer "zero" ou "nada", no Japão quer dizer "dinheiro", e em alguns países mediterrâneos este gesto é usado para indicar um homem homossexual. Esta informação deve ser muito útil para turistas.

Polegar para cima. Nos Estados Unidos, Grã-Bretanha, Australia e Nova Zelândia o polegar para cima tem vários significados. Ele geralmente é utilizado por caroneiros na estrada, em uma tentativa de pegar um carro que esteja passando. O segundo significado - é "tudo bem", e algumas vezes ele se torna um sinal ofensivo, que quer dizer "sente-se sobre ele". Em alguns países, como na Grécia, este gesto significa "cale a boca", então você pode imaginar a situação com um americano usando-o para pegar uma carona em uma estrada grega! Quando italianos contam de um a cinco, este gesto representa o dígito "I", e então o dedo indicador significa "2". Enquanto para americanos e britânicos, o dedo indicador significa "I", e o dedo do meio significa "2"; neste caso o polegar representa o "5".

Sinal de "V". Durante a Segunda Guerra Mundial, Winston Churchill popularizou a marca "V" como apontamento de vitória, mas isso funciona apenas quando a palma está virada para a plateia. Se, contudo, a palma da mão estiver virada para o orador, o gesto se torna ofensivo e significa "cale a boca". Esta interpretação abusiva é muito popular no Reino Unido e na Austrália. Em muitos países, este gesto também significa "2". Na maior parte dos países europeus, entretanto, o gesto de V significa "vitória". Apenas imagine uma situação cômica em que ingleses mandam alguém calar a boca com este gesto em algum outro país.

Estes exemplos mostram que interpretações equivocadas de gestos podem causar mal-entendidos, especialmente se você não levar em conta as características nacionais do orador. Então, antes de você tirar quaisquer conclusões sobre o significado de gestos e linguagem corporal, é necessário levar em consideração a nacionalidade da pessoa.

Um dos maiores erros que pode ser cometido quando você está começando a aprender linguagem corporal é quando você pega um gesto e o considera isoladamente de outros gestos e circunstâncias. Por exemplo, coçar atrás da cabeça pode significar mil coisas, como: caspas, piolhos, suor, incerteza, esquecimento ou uma mentira, dependendo de quais outros gestos acompanham esta coçada. Então para a interpretação correta, nós devemos levar em conta todo o complexo de gestos que acompanham

Assim como qualquer língua, a linguagem corporal consiste de palavras, sentenças e pontuação. Todo gesto é similar a uma palavra, e a palavra pode ter vários significados diferentes. Para entender o significado da palavra você deve inseri-la em uma sentença.

Capítulo 3. Linguagem corporal e mentiras

Como reconhecer uma mentira: algumas vezes, apesar de nossa vontade, nosso próprio corpo "deixa escapar" aquilo que estamos nos esforçando tanto para esconder. Todos nós já estivemos em uma situação em que não queríamos que alguém percebesse que nos sentíamos mal ou desconfortáveis. Em tais situações, nós colocamos uma máscara que não corresponde com o nosso estado de espírito real: máscara de paz, alegria e conforto. Mas, apesar dos nossos melhores esforços, os entes queridos podem facilmente reconhecer nossas mentiras. Por que isso acontece? Eles conhecem os seus hábitos e maneiras de se comportar, então a menor mudança pode fazer com que eles saibam que algo está errado; e muito provavelmente eles podem detectar uma mentira. Para um estranho perceber rapidamente que você está mentindo será muito mais difícil.

Para entender como reconhecer uma mentira, é necessário entender a psicologia de um mentiroso. Para fazer isso, imagine-se brevemente como um mentiroso. Como você agirá se precisar enganar alguém? Como irá se comportar se precisar convencer alguém de que não fez algo que na verdade fez? Se você se preparar antes, seus movimentos podem ser bem convincentes e você pode controlar o tom da sua voz. Mas será que você pode controlar completamente o seu corpo, de forma a não deixar transparecer a mentira?

Podemos controlar algumas partes do corpo; aquelas que nós sabemos pela experiência diária de nos comunicarmos com as pessoas. Vendo diariamente o seu reflexo no espelho e sabendo quais são nossas expressões faciais quando estamos bravos ou quando rimos; então será fácil fazer a expressão que precisarmos no momento. Se você praticar em frente ao espelho, você pode facilmente conseguir o título de "mentiroso profissional". A pose pode revelar o mentiroso. Por exemplo, ele de repente se curvou ou se endireitou, ou mudou de um pé para o outro. É bem sabido que as pernas são a parte mais difícil de se controlar. Porém, mesmo nessa situação você pode enganar o interlocutor mais atento ao encostar-se em algo, dando suporte às suas costas, ou sentando-se atrás da mesa para esconder as pernas da vista. Mas controlar o seu corpo inteiro é próximo de impossível, especialmente se você nãotem prática e conhecimento suficientes. A conclusão é que se você quiser enganar alguém, é melhor fazê-lo sem contato visual (p. ex.: por telefone).

Como reconhecer uma mentira?
No dia-a-dia, nós raramente temos que mentir deliberadamente e permanentemente (a não ser, é claro, que você seja um mentiroso patológico), isso geralmente acontece espontaneamente. A mentira deliberada, na maior parte das vezes, é contada muito inabilmente, e você consegue se safar com ela apenas porque o ouvinte não consegue distinguir um mentiroso de uma pessoa sincera. Além disso, o homem enganado subconscientemente sente que foi

trapaceado, mas não consegue explicar os sentimentos e demonstra a evidência de engano; ou ele apenas tem vergonha de te dizer na cara que você está mentindo.

Como reconhecer uma mentira de um mentiroso profissional? A primeira coisa a fazer - é levar a sério a sua intuição; o sentimento de que algo está errado e de que você está sendo enganado. Este será o primeiro sinal para olhar atentamente para o seu interlocutor. O controle total de seu corpo é quase impossível, então não importa o quanto ele tente, seu corpo irá denunciá-lo. Mesmo que você refreie conscientemente os gestos maiores, seu corpo estará transferindo várias micro sinais. Sejam eles movimentos dos músculos faciais, a expansão ou contração das pupilas, transpiração na testa, bochechas rosadas, piscadas rápidas, e muitos outros gestos que sinalizam engano.

Dicas para reconhecer uma mentira

- O mentiroso gesticula menos ativamente. Ilustrar palavras com as mãos é manipulação inconsciente. Se estiver sinceramente tentando convencer um amigo de que ele está certo, você subconscientemente usa as mãos para ser mais persuasivo. Se uma pessoa usa menos gestos (seus gestos parecem estranhos), talvez ela esteja mentindo.

- Um mentiroso frequentemente toca o próprio rosto. Durante uma conversa, todos nós tocamos nossos rostos, mas durante uma enganação, nós involuntariamente o tocamos com muito mais frequencia. Se um homem está te trapaceando deliberadamente, ele toca o próprio nariz, ou tapa a boca com uma mão como se dissesse "cale a boca", passa a mão pelo cabelo, ou toca o lóbulo da orelha.
- Outro sinal para reconhecer uma mentira - é um remexer quase imperceptível sobre a cadeira (se ele estiver sentado). Movimentos não muito bruscos, mas frequentes do corpo significam um desejo subconsciente de escapar, de deixar a

zona de desconforto e de não mentir mais.
- Distorção instantânea do rosto. Pegar uma pessoa mentindo pelas expressões faciais é o método mais difícil que requer certas habilidades; já que as contrações faciais acontecem em um ritmo incrível.
- A direção do olhar também pode nos dizer muito. É bem sabido que a parte direita do cérebro é responsável pela lógica e pensamento racional, como números, fatos; assim, se para responder à sua pergunta o interlocutor desviou o olhar para a direita, ele provavelmente está dizendo a verdade.

A forma mais útil de se reconhecer uma mentira é fazer a pergunta mais uma vez. Contar uma mentira traz grande stress e desconforto para o mentiroso. Mesmo que ele tenha se preparado para a mentira, é muito difícil conseguir fazê-lo por duas vezes.

Gesto de mão ao nariz Quando uma pessoa mente, ela subconscientemente tenta fechar a própria boca Contudo, tentando controlar a si mesmo, ele tenta consertar a situação e esconder o movimento involuntário tocando o nariz, como se ele estivesse coçando. Concordo, quando seu nariz está mesmo coçando, você o coça diretamente; o movimento será claro e focado, não um toque leve. Este gesto também é usado por alguém que esteja ouvindo mentiras, quando se dá conta de que está sendo enganado.

Puxar o colarinho. Cientistas comprovaram que uma mentira causa coceira nos músculos do pescoço e do rosto. Desta forma, o desejo de coçar para acalmar estes sentimentos é psicologicamente razoável. Isso torna fácil de perceber: se uma pessoa puxa o colarinho - está com medo que suas mentiras sejam reveladas. O trapaceiro pode até suar. Mas! Os mesmos impulsos podem ser experimentados em caso de raiva, irritação e frustração. Mover o colarinho, neste caso, é para refrescar, não para deixar descontentamento sair do interior. Desta forma, antes de fazer o seu julgamento, primeiro observe a pessoa.

3. Esfregar o olho. Homens, enquanto estão mentindo, esfregam suas pálpebras e as mulheres corrigem a maquiagem, passando um dedo por baixo do olho. Fazendo isso, a pessoa

subconscientemente quer evitar contato visual.

4. Coçar o lado do pescoço. Uma observação muito interessante: a pessoa começa a coçar o lado do pescoço ou abaixo do lóbulo da orelha usando o dedo indicador. Se ela duvida daquilo que lhe está sendo dito. Assim, se, depois de te ouvir, ela diz "eu te entendo", "concordo" e esfrega o pescoço, significa - ela não entende ou concorda com suas palavras.

5. Dedos na boca. Este gesto indica que a pessoa está vulnerável e que precisa de apoio. O mentiroso nesta situação age como uma criança. Talvez ele

tenha apenas ficado confuso e lá no fundo está envergonhado, procurando por ajuda e suporte. Este gesto é muito similar ao de desespero. Então não o julgue rigorosamente. Seja misericordioso.

6. Esfregar a orelha. Quando o interlocutor está mentindo ou sabe com certeza que está ouvindo mentiras, tenta proteger-se de mentiras. Em tais momentos, a mão cobre a orelha, como se para protegê-la, ou repousa próxima a ela. Isso mostra que ele está cansado de compor mentiras ou demonstra que já ouviu o suficiente e que quer expressar-se.

7. Mão à boca. Se uma pessoa não é sincera, tentará cobrir a boca com a mão; mais provavelmente o polegar estará pressionado contra a bochecha. Algumas podem até mesmo tossir. Ainda é importante saber que o mesmo gesto pode ser usado em um momento em que a pessoa está ouvindo, e este é outro sinal. Neste caso, ela suspeita ou sabe com certeza que você está mentindo.

Algumas pessoas cujas profissões estão diretamente ligadas a algum tipo de engano, como políticos, advogados, atores e etc., treinaram seus corpos de maneira que é difícil distinguir quando não estão falando a verdade. Eles dominam os gestos de duas maneiras. Primeiro, trabalham naqueles gestos que passam credibilidade àquilo que dizem; mas isso é possível apenas se você praticar por um longo período. Segundo, eles eliminam quase completamente qualquer tipo de gesto, seja positivo ou negativo, no momento em que estão mentindo, mas isso também é muito difícil de se fazer.

Capítulo 4. Linguagem corporal e carreira

As pesquisas na área da comunicação não-verbal revelaram a relação entre o grau de eloquência e os gestos que as pessoas usam para transmitir o significado de suas mensagens. Isso quer dizer que há uma relação direta entre posição social e profissionalismo e o número de gestos e movimentos corporais que a pessoa usa. O homem no topo da pirâmide social e de sua carreira pode usar a riqueza de seu vocabulário para transmitir as suas mensagens, enquanto pessoas menos educadas ou menos profissionais irão confiar em gestos em vez de palavras no processo de comunicação.

Então para subir a escada e parecer profissional no trabalho, você deve conhecer o corpo e trabalhar nos seus próprios movimentos corporais também. Pode ser muito útil em uma entrevista quando você se inscrever para o emprego dos seus sonhos. A entrevista pode durar por uma hora e você deve controlar o seu corpo por todo esse tempo. O entrevistador pode ser muito experiente e ler informações diretamente de seus movimentos corporais em vez do que você diz. Alguns gestos e poses típicas carregam informações que, durante a conversa, candidatos preferem esconder, contudo eles são bem conhecidos agora não apenas por psicólogos, mas também por gerentes comuns de RH. Então é muito importante dominar as suas habilidades não-verbais tanto quanto ter um bom currículo e trabalhar na sua aparência. A pesquisa mostra que as primeiras impressões sobre um candidato consistem nos seguintes componentes: 7% - a habilidade para apresentar-se (aparência e maneiras), 7% - educação e inteligência, tom de voz - 38%, e 55% a sua linguagem corporal.

Aqui vão algumas dicas para uma entrevista.

Posição corporal
No começo da entrevista, quando te convidarem a se sentar, sente-se bem em frente ao seu interlocutor, não muito longe ou muito perto, mas de uma forma que pareça natural. Não se revire na

cadeira; não transforme o ato de sentar-se em um ritual - endireitando suas costas e mudando bruscamente o seu rosto para parecer mais sério; se quiser fazer isso, prepare-se com antecedência. Tudo isso cria a impressão de que você quer parecer confiante.

Não sente na beira da cadeira, nem balance a perna, isso irá mostrar a tensão e o nervosismo. Não segure a cadeira com as mãos, pois isso também mostra que você não se sente confortável com o entrevistador. A posição da cabeça também é importante. Se você mantiver a cabeça erguida, passará mais confiança e respeito. Se precisar esperar no corredor ou no lobby antes da entrevista, mantenha a calma, não ande de um lado para o outro.

Mãos

De maneira alguma coloque os seus cotovelos sobre a mesa e recoste a cabeça sobre eles; não cruze as mãos. Minimize todos os movimentos das mãos em geral. O melhor é manter as mãos relaxadas sobre o seu colo.

Mantenha as mãos longe do rosto. Especialistas em comunicação não-verbal acreditam que tocar o nariz e a boca durante a conversa significa que o candidato mente. Você tampouco deve tocar o pescoço e as orelhas, porque é um sinal de falta de profissionalismo ou desconfiança.

Olhos

É necessário manter contato visual direto durante a entrevista. Você deve ser capaz de olhar nos olhos do entrevistador. Contato visual - é um sinal muito positivo; e se não for utilizado corretamente, pode facilmente resultar nas mais negativas consequências.

Não é necessário hipnotizar o entrevistador, apenas mantenha contato visual por 10 segundos, então por um breve momento você pode desviar o olhar; então reestabeleça o contato novamente. Quando estiver escutando o entrevistador , é permitido acenar com a cabeça levemente. Geralmente aquele que escuta suporta contato visual direto por mais tempo que o que fala. Ao responder às questões, não olhe para baixo. Isso quer dizer insinceridade. É impossível, também, mostrar interesse e entusiasmo sem olhar no rosto do seu interlocutor.

Linguagem corporal do entrevistador

Aquele que faz as perguntas - é também um humano exatamente como você, então você também pode usar os sinais do corpo dele, mais como uma precaução ou para se ajustar a ele.

Se ele mostrar qualquer sinal de aborrecimento (perda de contato visual direto, descansar a cabeça na mão), é necessário responder às perguntas de forma mais específica, pontual e clara.

Quando o entrevistador cruza os braços e reclina-se para trás, quer dizer que ele não concordar com a sua candidatura e que está pronto para finalizar a entrevista. Também pode significar que ele se sente desconfortável se você estiver sentado muito próximo a ele e talvez você esteja invadindo seu espaço pessoal.

Prática

Pratique responder a perguntas, sentado em frente a um espelho, sozinho. Você será capaz de identificar todos os seus erros. Mesmo que você se considere um profissional e um candidato perfeito para o emprego que você quer, lembre-se que há outros candidatos com os quais você deve competir, o que faz com que psicólogos e gerentes de RH prestem atenção à sua linguagem corporal durante a entrevista.

Estas dicas também funcionam para qualquer reunião de negócios. É interessante que você pode até mesmo definir o tom das negociações apenas com um aperto de mão.

Apertos de mão

Os apertos de mão vem de um tempo antigo quando as pessoas o utilizavam para demonstrar que não carregavam nenhuma arma consigo. O gesto mudou com o passar do tempo e há modificações, como balançar uma mão no ar. A forma moderna do ritual antigo de cumprimento é quando as pessoas puxam a mão uma da outra em direção a si e as balançam levemente.

Aperto de mão dominante esubmisso

Durante o aperto de mão dominante, sua mão agarra a mão de outra pessoa de maneira que a sua palma esteja voltada para baixo.

Não é necessário que sua mão esteja completamente na horizontal, mas é importante que esteja voltada para baixo em relação à mão da outra pessoa. Isso torna claro que você está deteminado e que será o senhor da situação. Quase todos os gerentes de alta hierarquia e homens de negócios bem sucedidos usam o aperto de mão dominante e sempre dão a mão primeiro. Se você for confrontado com um aperto de mão como esse, significa que seu interlocutor prefere um estilo agressivo de negociação, tentará colocar pressão sobre você durante a conversa e que é melhor ser cauteloso.

Há uma maneira de lidar com o aperto de mão dominante. Apenas um pequeno passo à frente para invadir o seu espaço pessoal. Seu oponente ficará intrigado e você, por conseguinte, irá recuperar a iniciativa.

Para mostrar a sua posição submissa, você deve deixar a sua palma da mão voltada para cima durante o aperto de mão, da maneira como é mostrada abaixo. Isto é necessário em tais situaçoes em que você quer dar a iniciativa ou enfatizar a sua posição mais baixa apertando a mão do seu chefe.

Quando dois homens poderoso apertam as mãos, há uma luta invisível entre eles, durante a qual ambos estão tentando subjugar o outro. O resultado é um aperto de mão no qual ambas as mãos ficam na posição vertical, e os dois homens tem um senso de respeito e compreensão um pelo outro, considerando seu interlocutor como um igual.

Mas não é tão simples. Algumas pessoas usam apertos de mão fracos e submissos porque se importam com as suas mãos. Por exemplo, para cirurgiões, artistas ou músicos, mãos são importantes profissionalmente, então eles te deixarão usar o aperto de mão dominante, para não machucarem as suas mãos. Ou seu oponente tem algum problema com as juntas. Então é melhor não contar apenas com esta informação. É este o momento em que você vai precisar de todo o conhecimento sobre linguagem corporal para ter uma carreira de sucesso.

Um homem que estende a mão de longe, muito provavelmente, é franco, alegre e sociável. Ele dirige-se à outra pessoa com uma mão aberta, o que é um gesto amplo que demonstra boa vontade. Se você imaginar a sua segunda mão fazendo a mesma coisa, o movimento se parecerá com um abraço. Tal gesto é uma demonstração de abertura. Se os movimentos e a fala do homem são ativos e rápidos, você pode facilmente presumir que ele é uma pessoa com iniciativa, que gosta de agir sem atraso.

Um aperto de mão com o braço inteiramente estendido mostra que a pessoa não quer deixar o interlocutor entrar em sua zona íntima e mostra alguma hostilidade. Contudo, tal aperto de mão é normal em áreas menos populosas porque a zona íntima nestes lugares é mais ampla do que nas cidades grandes.

Balançar as pontas dos dedos. Isso acontece quando a pessoa segura apenas os seus dedos em vez da sua mão inteira. O principal objetivo deste aperto de mão é manter a outra pessoa a uma distância confortável. Balançar as pontas dos dedos acontece frequentemente quando duas pessoas definem "espaço privado" de formas diferentes. Isso pode acontecer se o espaço privado de um for de 60 cm e o do outro for de 90 cm. Obviamente a segunda pessoa prefere manter uma distância maior, e as mãos, enquanto estão se cumprimentando não podem conectar-se apropriadamente. Este aperto de mão também é comum quando um homem cumprimenta uma mulher.

Aperto de mão enluvado é quando uma pessoa coloca a outra mão por cima do aperto de mão normal. Este tipo de aperto de mão é comumente utilizado por políticos. Ao usá-lo, o homem demonstra ser confiável, mas isso funciona apenas com pessoas que você conhece bem. Se você usar isso com alguém que acabou de conhecer, o efeito será o contrário, então o receptor pode se sentir cauteloso e desconfiado.

Posições corporais

<u>Posição em pé.</u>

Você está em pé, as costas e os ombros estão endireitados, a cabeça está erguida. Esta posição é associada com relaxamento e conforto; ela diz que você está em harmonia consigo mesmo.

<u>Posição sentada</u>

Atente-se sempre sobre como você se senta, porque esta é uma posição que transmite muito sobre os seus sentimentos íntimos. Sente-se com as costas eretas e certifique-se de que as pernas estejam juntas, em paralelo, ou cruzadas sobre o joelho ou tornozelo. Geralmente as mulheres não cruzam as pernas, mas a etiqueta de negócios permite que homens o façam.

<u>Mãos</u>

Algumas pessoas "falam" com as mãos. Outras, entretanto, contém as mãos de forma rígida. Mas nenhuma delas, na maior parte das vezes, nem pensa sobre como suas mãos se movem enquanto estão falando. Gestos podem ser efetivos ou agressivos. Mas na maior parte das vezes, não são informativos. Administrar os gestos requer esforço e força de vontade. Controle as suas mãos. Em reuniões de negócios, tente evitar gestos largos.

Capítulo 5. Linguagem corporal e flerte

Estudos conduzidos por zoologistas e cientistas comportamentais revelaram que tanto os animais machos quanto as fêmeas usam um número de gestos complexos para cortejar. Alguns deles são óbvios, enquanto outros são disfarçados. A maioria deles são feitos de maneira inconsciente. Eles concluíram que o ritual humano para cortejar não é muito diferente do dos animais. A tarefa consiste em demonstrar gestos específicoos de cortesia do seu sexo para o seu ou a sua parceira em potencial. Aqueles que se interessarem irão responder com gestos apropriados ou com sinais de paquera, deixando você saber, de forma não-verbal, que estão gostando de você.

O sucesso no flerte depende da habilidade de enviar e de receber sinais de paquera. As mulheres são mais sensíveis a estes gestos, uma vez que são sensíveis a quase todos os sinais da linguagem corporal. Homens são menos sensíveis; por vezes, são completamente "cegos" e não notam coisa alguma.

Listaremos abaixo os sinais usados por indivíduos de ambos os sexos para atrair potenciais parceiros sexuais. Vamos falar mais sobre sinais femininos do que masculinos. Isso porque as mulheres tem uma gama de sinais de paquera maior que a dos homens.

Gestos masculinos de flerte

O homem começa a se arrumar ao avistar a mulher que gosta, de uma forma semelhante aos animais. Suas mãos dirigem-se ao pescoço para alinhar a gravata. Se não estiver usando uma gravata, pode ajeitar o colarinho ou remover alguma poeira imaginária dos ombros, abotoar abotoaduras, a camisa, o casaco, ou outra peça de roupa. Ele pode também alisar os cabelos para parecer mais atraente. Pode voltar o seu corpo na direção da mulher, direcionando a ponta do sapato para ela.

Ele lança a ela um olhar íntimo, que matém por mais tempo do que deveria. Se estiver mesmo interessado, as pupilas de seus olhos irão se expandir. Com frequência fica em pé com as mãos no quadril para enfatizar a força física e demonstrar prontidão para a interação com esta mulher. O gesto mais agressivo para os homens é quando colocam os polegares por baixo do cinto ou colocam as mãos nos bolsos da calça para acentuar a área genital. No que diz respeito ao ritual de cortejar, os homens quase não tem ferramentas especiais para isto.

Gestos femininos de flerte
Aqui falaremos sobre sinais que são usados pelas mulheres para atrair a atenção dos homens. Em parte, há uma similaridade com os sinais masculinos. Por exemplo: tocar o cabelo, mãos nos

quadris, ajeitar a roupa, voltar o corpo na direção do homem, longos olhares, etc. Mas há outros gestos que são tipicamente femininos apenas.

<u>Jogar a cabeça</u>

Ela faz um movimento brusco com a cabeça para jogar o cabelo do rosto para os ombros ou vice-versa. A propósito, este gesto é usado até por mulheres com cabelos curtos.

<u>Exibição do pulso</u>

Mulheres interessadas em um parceiro sexual em potencial irão mostrá-lo periodicamente a pele delicada de seus pulsos. A área do pulso foi sempre considerada uma das zonas mais erógenas. Quando uma mulher conversa com um homem, tenta manter suas mãos onde ele possa vê-las. Para mulheres que fumam, é fácil fazer este gesto provocante enquanto estão fumando. Os gestos de exibir os pulsos e jogar os cabelos são frequentemente copiados por transsexuais e homossexuais que desempenham o papel de mulher.

<u>Pernas afastadas</u>

Os pés são posicionados de maneira ligeiramente mais afastada que o usual, estando a mulher sentada ou em pé. Esta posição identifica uma mulher relaxada e calma. Uma vez que se as pernas estivessem bem fechadas ou cruzadas, a mulher estaria tentando proteger a si mesma e demonstrando indisposição para ter qualquer contato com o homem.

Rebolar

Rebolar um pouco mais do que o normal é feito de maneira inconsciente para atrair a atenção dos homens para a área dos quadris.

Olhar disfarçado

Baixando os olhos ligeiramente, a mulher olha para o homem até que ele perceba, então rapidamente desvia o olhar. Isso passa a sensação fascinante de que alguém está te observando furtivamente e uma insinuação provocante de estar sendo espiado. Tal sentimento pode excitar quase qualquer homem normal.

Lambere morder os lábios

Uma mulher lambe os lábio para deixá-los molhados e parecer mais atraente para o homem. Ela pode pensar em intimidade com o homem e lamber e morder os lábios em antecipação de prazer. Ou ela apenas tenta provocá-lo com um beijo sugestivo. Batom também é usado com a mesma finalidade.

Pupilas dilatadas, batimentos cardíacos e respiração acelerados, rubor e outros sinais também mostram excitação.

Às vezes as decisões que tomamos sobre continuar um relacionamento ou não dependem diretamente de como o nosso parceiro se comporta. Todos estes gestos e sinais com certeza irão te ajudar a tomar a decisão correta e possivelmente construir um relacionamento bem-sucedido.

Conclusão

Como você pode ver, a linguagem corporal é usada por todos. Para ser bem-sucedido em várias esferas da vida, você deve aprendê-la. Além disso, você pode controlar o seu corpo em certas situações para atingir os seus objetivos e para manipular pessoas ao seu redor. Lembre-se de que é impossível aprender todo o material logo na primeira vez. Este livro está repleto de informações importantes e úteis. Você pode adicionar marcações, de maneira a ter acesso rápido a elas.

Tente colocar este conhecimento em prática. Não tenha medo de erros, porque, como sabemos, "Quem não erra é porque não vive".

www.ingramcontent.com/pod-product-compliance
Lightning Source LLC
LaVergne TN
LVHW011951070526
838202LV00054B/4898